AF219043

Der letzte Idealist III

Bibliografische Information der Deutschen
Nationalbibliothek: Die Deutsche Nationalbibliothek
verzeichnet diese Publikation in der Deutschen
Nationalbibliografie; detaillierte bibliografische
Daten sind im Internet über dnb.dnb.de abrufbar.

© 2023 Der letzte Idealist
Herstellung und Verlag: BoD – Books on Demand,
Norderstedt

ISBN: 978-3-7568-8130-7

Ein guter Mensch
ist jemand, der auch
dann Gutes tut, wenn
niemand hinsieht.

Autor unbekannt

Respekt fängt
beim Zuhören an.

Autor unbekannt

Geh deinen Weg
und lass
die Leute reden.

Dante Alighieri

Manchmal sollte man
weder mit noch gegen
den Strom schwimmen,
sondern einfach mal
aus dem Fluss klettern,
sich ans Ufer setzen
und eine Pause machen.

Autor unbekannt

Wer mit seinem
Leben zufrieden ist,
schaut weniger auf
das Leben anderer.

Autor unbekannt

Hör auf den Wind,
er unterhält sich.
Lausche der Stille,
sie spricht. Hör auf
dein Herz, es weiß.

Indianisches Sprichwort

Wie stark du tatsächlich
bist, erfährst du erst
dann, wenn stark sein
die einzige Option ist,
die du hast.

Autor unbekannt

Die besten Ärzte:
Sonne, Ruhe, Meer,
Musik, gutes Essen,
Freunde, und Familie.

Autor unbekannt

Es ist nicht zu wenig
Zeit, die wir haben,
sondern es ist zu viel Zeit,
die wir nicht nutzen.

Seneca

Die 3 Geheimnisse
glücklicher Menschen:

1. Akzeptiere wie du bist.
2. Mach das Beste aus jedem Tag.
3. Sei dankbar für alles,
was du hast.

Autor unbekannt

Freunde sind übrigens
die, die bleiben,
wenn man mal eine Zeit
lang nicht wie gewohnt
funktioniert.

Autor unbekannt

Wenn sich eine Tür schließt, öffnet sich eine andere; aber wir sehen meist so lange mit Bedauern auf die geschlossene Tür, dass wir die, die sich für uns geöffnet hat, nicht sehen.

Alexander Graham Bell

Du warst von Anfang an
etwas Besonderes für mich.
Ich habe mich sofort in
deiner Nähe wohl gefühlt,
obwohl wir uns kaum kannten.
Es hat sich einfach so
angefühlt, als ob wir uns
schon ewig kennen würden.

Autor unbekannt

Kinder verfügen
über zwei Superkräfte,
welche die meisten als
Erwachsene verloren haben.
Die bedingungslose Liebe
und das völlige Fehlen
von Vorurteilen.

Autor unbekannt

Wenn du den Eindruck hast, dass das Leben Theater ist, dann such dir eine Rolle aus, die dir so richtig Spaß macht.

William Shakespeare

Wenn jemand sagt:
„Das geht nicht!",
denke daran:
Das sind seine Grenzen,
nicht deine.

Autor unbekannt

Zuhause ist da,
wo man dich
vermisst, wenn du
nicht da bist.

Autor unbekannt

Sowohl der Optimist
als auch der Pessimist
tragen ihren Teil zur
Gesellschaft bei. Der
Optimist erfindet das
Flugzeug. Der Pessimist
den Fallschirm.

George Bernard Shaw

Du kannst nicht erwarten,
dass jemand sein Verhalten
ändern wird, der nicht
einsehen möchte, was
sein Verhalten anrichtet.

Autor unbekannt

Es gibt nichts Schöneres,
als wenn dir jemand eine
Kleinigkeit mitbringt
und sagt: „Ich habe das
hier gesehen und musste
sofort an dich denken."

Autor unbekannt

Ich kann nicht sagen,
ob es besser wird, wenn
es anders wird. Aber so
viel kann ich sagen:
Es muss anders werden,
wenn es besser werden soll.

Georg Christoph Lichtenberg

- Der letzte Idealist III -

Freundschaft
und Liebe blühen
dort, wo Menschen
ehrlich sind.

Autor unbekannt

Die Taten mancher
Menschen beweisen,
dass ihre Worte
nichts wert waren.

Autor unbekannt

Jeder kehre vor
der eigenen Tür
und die Welt ist
sauber.

Johann Wolfgang von Goethe

Eigentlich hoffen wir
doch alle auf diesen
einen Menschen,
der unser Navi ausstellt
und sagt: „Du hast dein
Ziel erreicht."

Autor unbekannt

Wenn der Weg, den du
gehst, schön ist und dich
glücklich macht, dann
frag nicht, wohin er
dich führt, sondern geh
ihn einfach.

Autor unbekannt

Achte auf das Kleine
in der Welt, das
macht das Leben reicher
und zufriedener.

Carl Hilty

Laufe nicht dem
nach, der auch
ohne dich glücklich
ist. Finde jemanden,
der nicht mehr ohne
dich leben kann.

Autor unbekannt

Glück ist, wenn
der Verstand tanzt,
das Herz atmet
und die Augen lieben.

Autor unbekannt

Achte auf deine
Gedanken! Sie
sind der Anfang
deiner Taten.

aus China

Jeder kann ja
was gut. Ich zum
Beispiel kann gut
am Meer sitzen.

Autor unbekannt

Manchmal ist es
gar nicht unser
Körper, der müde ist,
sondern unsere Seele.

Autor unbekannt

Halt dich fern von denjenigen, die versuchen, deine Ziele herabzuwürdigen. Kleingeister tun das immer, aber die wirklich Großen geben dir das Gefühl, dass auch du groß werden kannst.

Mark Twain

Du kannst ein volles
Konto, einen festen Job
und ein Dach über dem Kopf
haben, doch wenn es deinem
Herzen nicht gut geht,
ist das alles wertlos.

Autor unbekannt

Viele Menschen
treten in dein Leben,
aber nur wenige
hinterlassen Spuren
in deinem Herzen.

Autor unbekannt

Hab Geduld,
alle Dinge sind
schwierig, bevor
sie leicht werden.

aus Frankreich

Verliere nie die Hoffnung. Ganz gleich wie schwer eine Situation auch gerade sein mag, es wird der Tag kommen, an dem auch für dich wieder die Sonne scheint.

Autor unbekannt

Tun, was du
magst, ist Freiheit.
Mögen, was du tust,
ist Glück.

Autor unbekannt

Ehrlichkeit
ist das erste
Kapitel im Buch
der Weisheit.

Thomas Jefferson

Es heißt doch,
alles im Leben
passiert aus einem
bestimmten Grund.
Manchmal würde
ich gerne wissen,
was der Grund war.

Autor unbekannt

Manches erfüllt
sich nicht, weil das
Leben dir etwas
anderes schenken will.
Hab Vertrauen.

Autor unbekannt

Für alles, was
du verpasst hast,
hast du etwas
anderes gewonnen.

Ralph Waldo Emerson

Je mehr du dich
selbst findest,
desto mehr wirst
du dich von manchen
Menschen entfernen.

Autor unbekannt

Manchmal kommt
das große Glück,
direkt nach dem
großen Unglück.

Autor unbekannt

Möge dein Tag durch
schöne kleine Dinge
groß werden.

aus Irland

Und irgendwann kommt
ein Mensch in dein Leben,
der dir das Gefühl gibt,
zuhause zu sein.
Egal wo du gerade bist.

Autor unbekannt

Wenn die
Vergangenheit anruft,
geh nicht dran.
Sie hat dir nichts
Neues zu sagen.

Autor unbekannt

Niemals in der
Welt hört Hass
durch Hass auf.
Hass hört durch
Liebe auf.

Buddha

Beim Rückwärts-Einparken
muss ich immer die Musik
leiser drehen, sonst sehe
ich einfach nichts.

Autor unbekannt

Sei nie zu feige,
etwas zu tun,
was dein Leben
verändern würde,
denn es könnte deine
größte Chance sein.

Autor unbekannt

Sobald der Geist
auf ein Ziel
gerichtet ist, kommt
ihm vieles entgegen.

Johann Wolfgang von Goethe

Wer vom Weg
abkommt, lernt
die Gegend kennen.

Autor unbekannt

Beginne den Tag
immer mit positiven
Gedanken. Denn egal,
wie viele Probleme
du auch hast, negative
Gedanken werden dir
bestimmt nicht helfen.

Autor unbekannt

Man kann nicht hoffen,
die Welt zum Besseren
zu wenden, wenn sich
der Einzelne nicht
zum Besseren wendet.

Marie Curie

Nur weil deine
Vergangenheit nicht
immer so gelaufen ist,
wie du es geplant hast,
bedeutet das nicht,
dass deine Zukunft nicht
besser werden kann.
Gib die Hoffnung nicht
auf!

Autor unbekannt

Der schnellste Weg
zum Glück ...
Finde etwas, was dir
Freude macht. Lass die
Dinge los, die dich
verletzen. Und verbringe
Zeit mit den Menschen,
die dir guttun.

Autor unbekannt

Wagen Sie,
selber zu denken.

Voltaire

Wir sind reich,
wenn wir gesund
sind. Alles andere
ist Luxus.

Autor unbekannt

Solange du lebst,
ist es niemals zu spät,
dir neue Ziele zu setzen
oder einen neuen Traum
zu träumen.

Autor unbekannt

Ein einfacher
Zweig ist dem Vogel
lieber als
ein goldener Käfig.

aus China

Wenn ein Mensch
etwas falsch gemacht hat,
vergiss nicht all
die Dinge, die er vorher
richtig gemacht hat.

Autor unbekannt

Träumen ist auch
Zukunftsplanung.

Autor unbekannt

– Der letzte Idealist III –

Dein ärgster Feind
kann dir nicht
so sehr schaden wie
deine eigenen
unachtsamen Gedanken.

Buddha

Auch wenn du die
Sanduhr stark schüttelst,
wird jedes Korn erst dann
fallen, wenn es an der
Zeit ist. Erzwinge nichts.
Alles wird zur richtigen
Zeit geschehen.

Autor unbekannt

Gesundheit entsteht nicht
immer durch Medizin.
Sehr oft entsteht sie durch
inneren Frieden, Ruhe im Herzen
und Ruhe in der Seele.
Sie entsteht durch das Lachen
und durch die Liebe.

Autor unbekannt

Um das Herz und den Verstand eines anderen Menschen zu verstehen, schaue nicht darauf, was er erreicht hat, sondern wonach er sich sehnt.

Khalil Gibran

Sei dankbar für
jede Sekunde, an jedem Tag,
die du mit den Menschen
verbringen kannst, die du
liebst. Das Leben ist so
kostbar.

Autor unbekannt

"Ich kann nicht
lange bleiben",
flüstert der Glücksmoment.
„Aber ich lege dir
eine Erinnerung ins Herz."

Autor unbekannt

Wo Liebe ist,
wird das Unmögliche
möglich.

aus Asien

Nicht täglicher Kontakt
macht eine Freundschaft aus,
sondern die Gewissheit,
dass man sich aufeinander
verlassen kann. Egal wann
und wie.

Autor unbekannt

Nur wer die Tiefen
des Lebens kennt,
lernt die Höhen auch
zu schätzen.

Autor unbekannt

Liebe ist die Fähigkeit
und Bereitschaft,
den Menschen, an denen
uns gelegen ist,
die Freiheit zu lassen,
zu sein, was sie sein wollen,
gleichgültig, ob wir
uns damit identifizieren
können oder nicht.

George Bernard Shaw

Mein Herz hat
immer einen Platz frei,
für die Menschen,
die es ehrlich mit mir
meinen.

Autor unbekannt

Das Leben ist wie eine Zugfahrt. Viele Menschen steigen ein, viele Menschen steigen aus, aber nur wenige begleiten dich bis ans Ziel.

Autor unbekannt

Wer die Kunst versteht,
mit sich selbst leben
zu können, kennt keine
Langeweile.

Erasmus von Rotterdam

Kopf hoch! Sonst
wirst du nicht
sehen können, wer
dir zulächelt.

Autor unbekannt

Man muss lernen
„Nein" zu sagen.
Zum Beispiel: „Möchtest
du ein Stück Torte?"
„Nein, für mich bitte
zwei!"

Autor unbekannt

Wir sind, was wir
denken. Alles,
was wir sind, entsteht
aus unseren Gedanken.
Mit unseren Gedanken
formen wir die Welt.

Buddha

Wunderschöne
Dinge werden
passieren, sobald
du dich von der
Negativität
distanzierst.

Autor unbekannt

Da es sehr
förderlich für die
Gesundheit ist,
habe ich beschlossen,
glücklich zu sein.

Autor unbekannt

Zwischen dem, was
gesagt, aber nicht
gemeint ist und dem,
was gemeint, aber nicht
gesagt ist, geht die
meiste Liebe verloren.

Khalil Gibran

Nimm dir Zeit
für die Dinge,
die dir das Gefühl
geben, am Leben
zu sein.

Autor unbekannt

Halte durch, denn
steinige Wege
führen oft zu einem
wunderschönen Ort.

Autor unbekannt

Alles, was der
Mensch den Tieren
antut, kommt auf
den Menschen zurück.

Pythagoras

Solange die Leute
über dich reden, kannst
du davon ausgehen,
dass sie dein Leben
spannender finden als
ihr eigenes.

Autor unbekannt

Du wirst heilen.
Jeden Tag
ein bisschen mehr.

Autor unbekannt

Kein Weg ist
länger, als
der Weg vom Kopf
zum Herzen.

aus China

Je schwerer es dir
fällt, diesen Schritt
zu gehen, desto
dringender ist er.

Autor unbekannt

Jeder, der sich
für einen Fehler
entschuldigt,
zeigt Größe.

Autor unbekannt

In dir ist die Kraft,
die du brauchst, die
Geduld, die dir zu
fehlen scheint, die Idee,
die dich weiterbringt.
Glaube an dich!

aus Indien

Deine innere Stimme
zu hören ist eine
Frage deiner Achtsamkeit,
ihr auch zu folgen eine
Frage deines Mutes.

Autor unbekannt

Manchmal ist die Veränderung nicht das, was wir wollen. Aber manchmal ist die Veränderung genau das, was wir brauchen. Hab keine Angst vor Veränderung, denn es gibt Dinge im Leben, die nicht zum Bleiben bestimmt sind.

Autor unbekannt

Zeige dich,
wie du bist oder sei,
wie du dich zeigst.

Rumi

Veränderung kann
schmerzhaft sein, aber
nichts schmerzt mehr,
als dortzubleiben,
wo man nicht hingehört.

Autor unbekannt

Kein Mensch kann
dem anderen die
ganze Last abnehmen.
Aber er kann tragen
helfen.

Autor unbekannt

Alle Dunkelheit
der Welt kann
das Licht einer
einzigen Kerze
nicht auslöschen.

Konfuzius

Es gibt Freunde,
es gibt Familie
und es gibt Freunde,
die zur Familie
werden.

Autor unbekannt

Ich mag Menschen,
die Humor haben,
nicht immer gleich
beleidigt sind
und auch mal über sich
selbst lachen können.

Autor unbekannt

Drei Dinge können
nicht lange
verborgen bleiben:
Die Sonne, der Mond
und die Wahrheit.

Buddha

Es gibt drei Dinge im Leben,
die niemals zurückkehren:
das Wort, die Zeit und die
versäumten Gelegenheiten.
Es gibt drei Dinge im Leben,
die dich ruinieren können:
die Trägheit, der Stolz und die
Eifersucht.
Es gibt drei Dinge im Leben,
die du nie verlieren solltest:
die Geduld, die Hoffnung
und die Ehrlichkeit.
Es gibt drei Dinge im Leben,
die kostbar sind: die Familie,
die Liebe und die Freundschaft.

Autor unbekannt

Ohne schlechte Zeiten
würden wir die guten
nie schätzen.

Autor unbekannt

Dinge, die man als Kind
geliebt hat, bleiben
im Besitz des Herzens bis
ins hohe Alter. Das Schönste
im Leben ist, dass unsere
Seelen nicht aufhören,
an jenen Orten zu verweilen,
wo wir einmal glücklich
waren.

Khalil Gibran

Eines Tages wird
dich jemand
so kraftvoll umarmen,
dass sich all
das Zerbrochene in dir
wieder zusammenfügt.

Autor unbekannt

Was Kinderohren brauchen:
Ich hab dich lieb!
Ich glaub an dich!
Gut gemacht!
Du bist etwas Besonderes!
Ich bin stolz auf dich!

Autor unbekannt

Freundschaft,
das ist eine Seele
in zwei Körpern.

Aristoteles

Ich finde ja, wir sollten
uns alle mehr Zeit nehmen.
Für gutes Essen, liebe Freunde,
lange Nächte, gute Gespräche
und unvergessliche Augenblicke.
Denn es sind die kleinen Dinge,
die Seelenfutter sind.

Autor unbekannt

Glücklich sein heißt,
nicht ein perfektes Leben
zu leben. Glücklich sein
heißt, zu verstehen,
dass es sich lohnt,
das Leben zu leben, trotz
aller Schwierigkeiten.

Autor unbekannt

Da gibt es eine
Stimme, die keine
Worte benutzt.
Höre ihr zu.

Rumi

Wenn die Zeit
reif ist, fügt sich
das zusammen, was
zusammengehört.

Autor unbekannt

Enttäuschungen sind nur
Haltestellen in unserem Leben.
Sie geben uns Gelegenheit
zum Umsteigen, wenn wir in
die falsche Richtung fahren.

Autor unbekannt

Erfolg ist kein
großer Schritt in der
Zukunft, sondern ein
kleiner Schritt heute.

Buddhistische Weisheit

Das Schönste, was du
jemandem schenken
kannst, ist Zeit, denn
damit schenkst du ein
Stück von deinem Leben.

Autor unbekannt

Es gibt Tage, da bin
ich einfach still.
Nicht weil ich nichts zu
sagen hätte, oder alles
akzeptiere, sondern weil
ich gemerkt habe, dass
manche Menschen mich
niemals verstehen werden.

Autor unbekannt

Nur in einem
ruhigen Teich
spiegelt sich das
Licht der Sterne.

aus China

Sei du selbst!
Lass dich von niemanden
verbiegen, denn es gibt
Menschen, die dich genau
so lieben und brauchen
wie du bist.

Autor unbekannt

Manchmal führt dich
erst eine falsche
Entscheidung auf
den richtigen Weg.

Autor unbekannt

Die Fähigkeit, das Wort
„Nein" auszusprechen,
ist der erste Schritt zur
Freiheit.

Nicolas Chambort

Öffne nicht erneut
eine Tür, bei der du so
lange gebraucht hast,
sie zu schließen.

Autor unbekannt

- Der letzte Idealist III -

Manchmal brauchen
wir einfach nur eine
Umarmung und einen
Menschen, der uns sagt:
Wir schaffen das zusammen.

Autor unbekannt

Wer seinen Wohlstand
vermehren möchte,
der sollte sich an den
Bienen ein Beispiel nehmen.
Sie sammeln den Honig,
ohne die Blumen zu zerstören.

Buddha

Eine alte Indianer-Legende
besagt: Wenn du stirbst,
begegnest du auf der Brücke,
die zum Himmel führt,
allen Tieren, die deinen Weg
zu Lebzeiten gekreuzt haben.
Und diese Tiere entscheiden,
ob du weitergehen darfst
oder nicht.

Autor unbekannt

Es ist Zeit, für das, was war, danke zu sagen, damit das, was werden wird, unter einem guten Stern beginnt.

Autor unbekannt

Quellen:

facebook.com
instagram.com
pinterest.com

Schrift:

Urania Czech
www.typewriterfonts.net